키우는 재미, 먹는 즐거움!

새싹채소 키우기

키우는 재미, 먹는 즐거움!

새싹채소
키우기
효능/특성

박철희 글

다문

새싹채소가 우리나라에 알려지기 시작한지 벌써 *2~3*년이 되어가는군요. 초창기에는 아는 사람도 거의 없고 씨앗을 판매하는 곳도 찾아보기 힘들었지만 지금은 새싹 씨앗만 파는 전용 인터넷 쇼핑몰이 생겼고 카페모임도 생겼습니다.

건강을 생각하시는 분들은 건강을 위해서 새싹을 기르시며 아이들을 키우시는 부모님들은 아이의 정서함양과 도시에서 경험해 보지 못하는 생명의 신비를 알려주기 위해 집에서 새싹을 기르시고 계십니다. 이렇듯 많은 분들이 기르고 계시지만 아직까지도 새싹을 어떻게 길러야 하는지 몰라 두려움(?)으로 인해 주저하시는 분들이 계십니다.

이러한 분들을 위해 또한 이미 기르고 계시는 분들에겐 더

욱 효과적으로 기르시기 위해 이 책을 집필하게 되었습니다. 이 책에는 각 씨앗에 대한 특성과 어떻게 하면 좀 더 좋은 새 싹으로 기를 수 있는지에 대한 설명이 들어있습니다.

  총 23가지의 새싹채소 기르는 법이 있으며 양배추와 적양 배추, 무와 적무는 같은 종류의 새싹이어서 하나로 묶어두었 습니다. 각 씨앗마다 물에 불리는 시간과 싹이 언제쯤 나오 는지 그리고 몇일만에 먹을 수 있는지에 대한 여러가지 궁금 증을 적어놓았으니 새싹채소를 기르는데 모자람이 없을 것 입니다.

2005. 3.

박철희

차 례

새싹 키우기

이렇게 길러보세요 *92*

천에 키우기

하이드로볼에 키우기

빈병에 키우기

와인 잔에 키우기

새싹 재배용기에 키우기

묻고 답하기 *99*

• 시중에서 파는 일반 씨앗으로 새싹을 키워도 되나요?

• 크레스 씨앗에서 냄새가 나요.

- 새싹 뿌리는 먹나요?

- 새싹을 키우는데 곰팡이가 피었어요.

- 뿌리에 하얀 솜털이 났는데 곰팡이 인가요 아니면 솜뿌리
  인가요?

- 새싹은 흙에서 안 키워도 되나요?

- 시중에서 파는 콩나물 재배기로 키워도 되나요?

- 씨앗을 물에 불려야 하나요?

- 물에 불렸는데 씨앗이 많이 떠요.

- 씨앗을 발아할 때 어둡게 해야 하나요?

- 여러 새싹을 같이 키워도 되나요?

- 겨울에는 어떻게 키워야 하나요?

- 새싹들 중에서 무순처럼 길고 굵게 자라는 새싹은 어떤 종
  류가 있나요?

- 집에서 아이들을 키우는 엄마입니다. 요즘 환경과 먹거리에
  의해 아이들이 아토피에 잘 걸리고 있습니다. 아토피에 걸
  려 아파하는 아이들을 보면서 내 아이들한테는 직접 키운
  채소를 먹이고 싶다는 생각을 합니다. 그래서 그런데 아이
  들이 먹을 수 있는 새싹을 골라 주시기 바랍니다.

- 겨울에는 메밀이 발아가 잘 되어 좋았었는데 여름이 되니 메밀이 발아가 잘 안되고 썩네요. 어떻게 하면 잘 발아가 될까요?
- 저는 집에서 혼자 살고 있는데 직장을 다니다 보니 집에 있는 새싹한테 물을 잘 못 주거든요. 그래서 아침에 나갈 때 물을 씨앗이 잠기도록 주는데 이렇게 주어도 괜찮을까요?
- 씨앗을 어느 정도 뿌려야 할지 몰라서 대충 물에 불렸는데 물에 불려보니 너무 많이 불린 것 같습니다. 어쩔 수 없이 다 키워야 하나요? 아니면 물에 불렸어도 더 이상 물을 안주면 안 자라나요? 어떻게 해야 좋나요?
- 용기 아래에 면으로 된 천이나 거즈 말고 양파 살 때 주는 망으로 해도 되나요?

새싹채소 요리법

새싹채소란?

새싹채소는 채소의 어린 싹을 말하며 일명 베이비채소, 싹채소, 어린채소 등 여러가지 이름으로 불려지고 있다. 새싹채소에는 채소의 성채에 들어있는 영양소의 작게는 5배 많게는 20배의 영양소를 가지고 있는 영양 덩어리이다.

우리나라에서 새싹이 소개되기 시작한 시기는 2003년 여름부터 소개되었으며 그 이듬 해에 방송을 타면서 일반인들에게 알려지기 시작하였다. 새싹채소는 외국에서 이미 일반화된 채소로서 새싹용 씨앗을 구입하여 집에서 물과 빛, 공기만으로 채소를 키우는 것이다. 이렇게 집에서 직접 기름으로서 여러가지 장점을 얻을 수 있는데 그 중에서도 제일 큰 장점은 바로 농약을 뿌리지 않는 유기농 채소를 먹을 수 있다는 것이다.

산업은 점점 더 발달하고 일상 생활이 간편함을 추구하는 기계정보화 사회로 발전되어 감에 따라 우리의 몸은 황폐화되어 가고 있다. 이러한 몸을 살려주기 위해서는 농약이나 화학비료로 키우지 않은 유기농 식품을 섭취해 주어야 한다.

하지만 얼마전 유기농이라고 알려진 식품도 유기농이 아닌 식품으로 밝혀지면서 손수 집에서 재배하여 먹을 수 있는 채소를 사람들은 찾기 시작하였다. 이러한 때 새싹채소가 알려졌고 가히 폭발적이라 할 정도로 전국의 가정집에는 조그마한 농장들이 생기기 시작한 것이다.

　새싹채소는 집에서 하루에 *1*분 정도만 투자하면 되는 너무나도 쉽고 간편하게 재배할 수 있는 채소인 것이다. 여러분도 집안에 유기농 농장을 가질 수 있다. 지금이라도 늦지 않았으니 바로 시작해 보시기 바란다. 새싹채소는 여러분에게 건강과 젊음을 전달해 줄 것이다.

새싹을 키우기 위한 준비 용품과 재배조건

새싹을 키우는 데에 여러가지 용품이나 기술이 필요한 것은 아니다. 남녀노소 누구나 하루에 딱 *1*분만 투자하면 할 수 있는 "집에서 유기농 채소 키우기" 이다. 새싹 재배용품으로는 집에서 안 쓰고 굴러다니는 플라스틱 용기나 이빨 빠진 밥그릇, 물을 잘 흡수하는 천, 그리고 물과 빛이 있으면 된다.

새싹용 씨앗, 새싹재배 전용용기나 일반적인 용기,
천(면으로 된 것), 하이드로볼

*새싹을 키우기 위한 환경 조건

새싹을 키우기 위한 환경 조건으로는 따뜻한 온도와 통풍이 잘 되는 곳이 새싹을 잘 키우기 위한 알맞은 장소이다. 그러므로 특별히 설치된 비닐하우스나 농장에서만 키울 수 있는 것이 아니라 우리가 살고 있는 거실이나 베란다, 안방에서 손쉽게 키울 수 있는 것이다.

따뜻한 온도란 섭씨 15-28도 사이를 말하는 것이다. 15도 이하로 내려가면 새싹이 자라기는 하지만 성장이 늦어지고, 30도 이상 올라가면 씨앗에서 싹이 발아되기 어려워진다. 더운 날에 씨앗에 물을 뿌려두면 자칫 잘못하여 썩을 가능성이 많기 때문이다.

*다 자란 새싹 보관 방법

새싹을 많이 길러 여러 날 보관하여 드시고 싶다면 새싹을 깨끗이 씻어준 후 물기를 적당히 빼내어 반찬 용기에 넣어 냉장고에 보관하시면 신선한 새싹채소를 드실 수 있습니다. 냉장고에 보관하실 때 물기가 있는 채로 보관하시면 물기로 인해 새싹이 물러질 수 있으니 용기 아래에 물이 고이지 않을 정도로 물기를 빼내어 주시기 바랍니다.

*사용하다 남은 새싹용 씨앗 보관 방법

시중에 파는 씨앗은 한번 길러 먹을 만큼의 양이 아니라 여러 번 해먹을 수 있는 양의 씨앗입니다. 그렇기 때문에 처음 해보시는 분이라면 보관을 어떻게 해야 할 지 걱정하시는 분도 계시는데 씨앗 보관에 적정한 장소는 서늘하고 습기가 없는 장소입니다. 이런 곳에 보관하시면 최소 1년에서 1년반 정도는 양호하게 보관하실 수 있습니다.

*가장 많이 집에서 기르는 새싹

새싹은 남녀노소 누구나 집에서 손쉽게 재배할 수 있는 유기농 채소입니다. 그렇지만 처음 시도하시는 분은 "내가 집에서 키워도 잘 자랄 수 있을까?"라는 생각을 많이 합니다. 그렇다면 제가 처음 시도하시는 분들을 위하여 3단계로 구분한 손쉽게 키울 수 있는 새싹채소를 소개할까 합니다.

1단계:무, 적무, 브로콜리, 알팔파, 크레스, 아마, 적양배추,

다채, 클로바

2단계 : 순무, 유채, 양배추, 케일, 배추, 경수채, 부추, 청경채

3단계 : 완두, 해바라기, 메밀, 보리, 밀

1단계에 소개한 씨앗은 소비자께서 가장 많이 구입하시는 씨앗입니다. 또한 별 신경 안 써도 저절로 자라며 일주일 이내에 먹을 수 있을 만큼 자라는 새싹입니다. 2단계는 1단계보다는 재배하는 기간이 1-2일 정도 더 걸리는 새싹이며 3단계는 1단계보다는 재배하는 기간이 10-14일 정도 소요되며 싹틔우기와 물 관리를 조금 더 신경 써 주어야 하는 새싹입니다. 하지만 3단계에 있는 새싹은 신경을 써주는 만큼 몸에도 더 효과적인 새싹입니다.

새싹채소는 종류마다 각각 효능과 영양성분이 서로 다르므로 특정 새싹만 드시지 마시고 여러 새싹을 같이 드시는 것이 영양적으로나 건강적으로 좋습니다.

새싹 키우기

'하루 *1분* 투자로 *20년* 수명 연장에 도전!!' 이 말이 거짓 말처럼 들릴 것이다. 그러나 한 번만 해보면 알게 된다. 새 싹 키우기야말로 인간의 노력이 가장 적게 드는 생명 연장 술이요, 기적의 텃밭 제조술이다.

브로콜리

효능: 항암성분이 들어 있는 설포라펜 물질에 의해 암을 예방
하여 준다.

*특성

브로콜리는 지중해 연안이 원산지로서 브로콜리의 원어는
팔 또는 가지를 의미하는 이탈리아어이다. 브로콜리에는 비
타민C가 레몬의 2배나 함유되어 있어서 무더운 여름날 피곤
에 지친 우리 몸의 피로를 풀어준다. 또한 비타민E는 피부의
노화를 방지하여 주므로 여성들에게 아주 좋은 채소이다.

브로콜리에는 암을 예방해 주는 설포라펜(*sulphoraphane*)
항암성분이 함유되어 있어 기능성 식품으로 각광 받고 있다.

미국 존스 흡킨스 대학의 약물학자인 폴 탈레이는 브로콜
리의 설포라펜을 연구하는 중 놀라운 사실을 발견하였다. 다

름 아니라 설포라펜 성분이 씨앗에 매우 풍부하게 존재하며 브로콜리의 성채보다는 어린 싹일 때 20-50배의 설포라펜이 함유되어 있다는 것이다. 최근에는 일반 브로콜리에 비해 항암성분이 50배 이상 함유된 슈퍼브로콜리를 개발하여 일반 가정집의 식탁 위에 공급해 주고 있다.

*영양소

브로콜리 100g당 비타민C 114mg, 칼륨 164mg, 칼슘 150mg, 카로틴 1.9mg이 포함되어 있으며 다른 일반적인 채소에 비해 2배나 더 많은 철분을 함유하고 있다.

*기르는 방법

① 구입한 새싹용 브로콜리 씨앗을 6-8시간 정도 물에 불려준다.

② 물에 불린 후 깨끗한 물로 두어번 씻어 주면서 물 위에 뜬 씨앗은 제거하여 준다.

③ 용기에 면으로 된 천이나 하이드로볼을 깔고 물에 불린 씨앗을 바닥 면적의 약 70% 정도 차지하게끔 골고루 뿌려준다.

④ 물은 매일매일 천이나 씨앗이 마르지 않게끔 분무기로 분무해 준다.

⑤ 씨앗을 뿌려준 후 약 *2*일이 지나면 싹이 발아하기 시작한다. 발아 하는 기간동안에는 약간 어두운 곳에 보관하는 것이 좋지만 꼭 어두운 곳에 놓아두지 않아도 괜찮다.

⑥ 발아 후 약 *7-8*일이 지나면 약 *5-6cm* 정도 자라는데 이 때 용기에서 수확하여 물에 씻어주어 먹으면 된다.

*
재배포인트

가능한 한 씨앗들이 뭉쳐있지 않게 뿌려주면 좋다. 뭉쳐 있으면 새싹들이 서로 경쟁을 하는 관계로 튼튼하게 자라지 않을 수 있기 때문이다. 브로콜리 싹이 자라는데 필요한 적정온도는 *15-25*도 사이가 좋다.

다채

효능:비타민A가 풍부하여 만성적인 감염증을 예방하여 주고 안구의 시홍형성을 도와주며 눈병, 약시, 야맹증을 예방 및 치료해준다.

*특성

다채의 원산지는 중국 화중지방이며 다이차이라고 말한다. 내한성이 있어 추위에 강하며 성숙되어 있는 것 중 추위를 맞은 것이 맛있다고 하여 겨울철 채소로 재배되고 있다.

다채에는 시금치의 2배나 되는 카로틴이 함유되어 있어서 새싹채소를 약 *100g*정도 섭취하면 하루에 필요한 비타민의 약 *80%*를 섭취하게 된다. 맛은 잡맛이 없으며 단맛이 있어 여러가지 요리에 이용되고 있다.

(다채 생채 *100g당*)

성 분	비 율	성 분	비 율
열 량	20kcal	비타민A	146 I.U
베타카로틴	0.6mg	단백질	2.4g
수 분	91.9g	비타민B1	0.05mg
섬유질	0.7g	비타민B2	0.06mg

* 기르는 방법

① 구입한 새싹용 다채 씨앗을 *6-8시간* 정도 물에 불려 준다.

② 물에 불린 후 깨끗한 물로 헹궈 주면서 물 위에 뜬 씨앗 은 제거하여 준다. 하지만 물에 떠있다고 모두 나쁜 씨 앗은 아니므로 버리지 말고 뿌려주자. 거의 반 이상이 발아가 될 것이다.

③ 용기에 면으로 된 천이나, 하이드로볼을 깔고 물에 불 린 씨앗을 바닥 면적의 약 *70%* 정도 차지할 정도로 고 루 뿌려준다. 씨앗과 씨앗사이에 싹이 자랄 수 있게 충 분한 공간이 있어야 좋다.

④ 물은 분무기로 뿌려주는 것이 좋으며 마르지 않게끔 자

주 뿌려주는 것이 좋다.

⑤ 씨앗을 뿌려준 후 약 *2~3*일이 지나면 싹이 발아하기 시작한다. 발아 하는 기간동안에는 약간 어두운 곳에 보관하는 것이 좋지만 꼭 어두운 곳에 놓아두지 않아도 괜찮다. 그렇지만 통풍은 잘 되어야 한다.

⑥ 발아 후 약 *7~8*일이 지나면 약 *5~6cm* 정도 자라는데 이 때 용기에서 수확하여 물에 씻어주어 먹으면 된다.

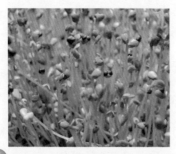

케일

효능:푸른 엽록소에 의해 항암 효과를 가지고 있다.

특성

　케일은 2년생 혹은 다년생 채소로서 지중해의 케일섬이 원산지인 양배추의 원종이다. 양배추는 케일을 이용하여 둥그런 채소로 개량한 것이지만 케일은 잎이 넓고 두껍게 자라 담배잎과 흡사하다. 케일은 양배추, 브로콜리와 함께 항암물질이 풍부하게 함유되어 있는 채소중의 왕이다. 영양소가 풍부하다 보니 녹즙으로 많이 이용 되어지고 있으며 녹즙으로 마시면 엽록소를 그대로 섭취할 수 있어 영양적으로 볼 때 가장 좋다. 엽록소는 혈색소와 화학구조가 비슷하여 푸른 혈액으로 불러지고 있기 때문이다. 내한성이 강하여 추운 곳에서도 잘 자라는 특성을 지니고 있다.

　씨앗이 담겨 있는 봉투를 열면 달콤한 향기가 나는 것이 너무 좋으며 달콤한 향기가 나듯이 새싹 맛도 조금 달콤하다.

*영양소

　케일 100g에는 비타민C 140I.U, 카로틴 4mg, 칼륨 490mg, 칼슘 212mg, 인 87 mg, 철 20 mg이 함유되어 있다. 예를 들어 우유 100g에는 칼슘 100mg이 들어 있으며, 토마토 200g에 들어있는 비타민A의 25배가 들어 있다. 또한 무기질 외에 단백질도 다량 함유되어 있다.

*기르는 방법

① 새싹용 씨앗을 물에 약 6-8시간 정도 불려준다.

② 케일 씨앗은 다른 씨앗과 달리 가볍기 때문에 물에 뜨더라도 버리지 말고 뿌려준다. 하지만 뜬 씨앗 중 손으로 만졌을 때 눌려지는 것은 버리도록 한다.

③ 용기에 천이나 하이드로볼을 깔고 그 위에 물에 불린 씨앗을 골고루 뿌려준다. 이 때 너무 촘촘하게 뿌려주면 발아가 잘 안되니 씨앗 사이사이를 잘 펴 주어야 한다.

④ 씨앗을 뿌려준 후 약 *2-4*일 정도(여름 : 약 *2-3*일, 겨울 : 약 *3-4*일) 지나면 씨앗이 발아되기 시작한다.

⑤ *5*일 정도 지나면 약 *2cm* 정도 자라고 *7-8*일 정도 되면 약 *5cm* 정도 자란다.

*재배포인트

케일 싹은 무 싹에 비해 가늘고 짧기 때문에 *8*일까지 재배해 주는 편이 좋다. 하지만 새싹의 효능은 어릴수록 영양소가 많이 들어 있다는 것을 알아두기 바란다.

알파파

효능 : 영양소가 풍부하여 피부 미용 및 머리카락을 잘 자라게
해준다.

*특성

알파파는 콩과의 다년생 작물로서 예로부터 영양이 풍부하
여 동물들의 사료로 이용되어 왔다. 이렇게 좋은 채소를 여태
먹지 못했다는 것은 너무 아쉬운 일이기도 하다. 현재 우리들
이 먹는 것은 일반적인 알파파를 싹기름용으로 개발하여 구분
지은 것이다.

알파파에는 엽록소, 비타민, 사포닌, 카로틴 등 여러가지
영양소가 함유되어 있고 결장암, 백혈병 등에 효능이 있는
카나바닌이 함유되어 있다. 알파파를 섭취하면 머리카락이
없으신 분들에겐 머리카락이 돋아나게 도와주며, 여성들에

게는 뼈의 밀도를 높여줘 골다공증을 예방하여 준다.

*영양소 (알파파 생채 *100g*당 성분)

성 분	비 율	성 분	비 율
단백질	1.6g	탄수화물	0.9g
칼 슘	36mg	회 분	0.5g
인	56mg	섬유질	0.9g

*기르는 방법

① 새싹용 알파파 씨앗을 구입하여 물에 약 6시간 정도 불려준다. 알파파의 색깔은 노란색을 띠고 있어서 물에 불리면 물이 노란색으로 변하게 되므로 물에 불릴 때 한 두번정도 깨끗한 물로 갈아주면 좋다.

② 물에 불린 지 6시간이 지나면 깨끗한 물로 헹궈주고 물 위에 뜬 씨앗은 버려준다. 원래의 씨앗보다 조금 하얗게 변한 것을 느낄 수 있다.

③ 용기에 천이나 하이드로볼을 깔아주고 그 위에 불린 씨앗을 골고루 잘 펴지도록 뿌려준다.

④ 씨앗을 뿌려준 후 약 *1-2*일이 지나면 싹이 발아되기 시작하며 *3*일이 지나면 *1.5cm* 정도 자란다.

⑤ 알파파 싹은 다른 싹에 비해 빨리 자라므로 *5-6*일 정도 지나면 충분히 먹을 만큼 자라게 된다.

*재배포인트

알파파 싹은 브로콜리 싹 보다도 줄기가 가늘고 긴 싹이다. 그렇기 때문에 가능한 한 햇빛을 피해 주어야 한다. 씨앗은 가장 작으면서도 무거운 편에 속한다. 씨앗을 뿌릴 때 툭툭 털어 내듯이 뿌려주면 골고루 뿌려줄 수 있다.

양배추

적양배추

 효능 : 양배추의 비타민U가 위궤양을 치료해 주며 특히 적양배추에는 셀레늄이 풍부하여 여성 피부미용과 암예방에 탁월하다.

*특성

양배추는 유럽이 원산지이며, 케일로부터 진화된 것으로 보고 있다. 양배추에는 단백질, 당질, 무기질, 비타민 등 여러 영양소가 함유되어 있으며 특히 칼슘의 섭취를 도와주는 역할을 하고 있다. 양배추에는 다른 채소에서 찾아 볼 수 없는 비타민U(항궤양성 성분)가 함유되어 있어 위궤양이 있는 분들에게는 양배추 즙을 권장하고 있다. 양배추에는 다른 새싹채소에 비해 셀레늄이 풍부하게 포함되어 있다.

특히 적양배추에는 안토시아닌 계통의 색소가 들어 있어 혈액중의 침전물 생성을 억제하여 주고 뇌졸중 및 심장 질환 예방에 도움을 준다. 또한 여성들에게는 피부의 노화를 막아주므로 여성이라면 꼭 섭취해야 할 채소이다.

*영양소

성 분	비 율	성 분	비 율
칼 슘	29mg	인	25mg
철	0.5mg	칼 륨	205mg
베타카로틴	6mg	비타민C	36mg

*기르는 방법

① 새싹용 씨앗을 물에 6시간 불려준다.

② 6시간 후 물에 떠 있는 씨앗을 버리기 전 물을 휘 저어준

다. 물에 떠 있는 씨앗에 공기 방울이 묻어서 물에 떠 있을 수 있기 때문이다. 이렇게 저어주면 다시 물속에 잠길 수 있다.

③ 용기에 천이나 하이드로볼을 깔아주고 그 위에 불린 씨앗을 골고루 잘 펴지도록 뿌려준다.

④ 양배추는 3일이 지난 후 적양배추는 2일이 지나면 노랗게 혹은 빨갛게 발아 되기 시작한다. 솜 뿌리가 조금식 자라기 때문에 간혹 잘못보면 곰팡이로 착각할 수 있다.

⑤ 양배추는 9~10일, 적양배추는 8일 정도면 수확하여 먹을 수 있다.

_양배추

_적양배추

✻
재배포인트

적양배추는 줄기의 길이와 굵기가 케일과 비슷하게 자라
지만 양배추는 적양배추와 달리 줄기가 길게 자라지 않고 옆
으로 퍼지면서 자란다. 그렇기 때문에 양배추는 물 관리를
잘 해주어야지 안 그러면 썩을 수 있다. 다시 한번 말하지만
물은 꼭 천이 젖을 정도만, 아니면 하이드로볼이 젖을 정도
만 주어야 한다.

무

적무

효능 : 디아스타제라는 효소로 인해 소화기능을 증진시켜며 강장과 해독기능을 가지고 있다.

무는 우리 생활 속에 가장 밀접한 채소중의 하나이다. 무는 식이섬유, 칼슘, 철 등을 함유하고 있는 식품으로서 강장

및 해독 기능이 들어 있어 간암 억제 효능과 디아스타제라는 소화 효소가 포함되어 있어 소화능력이 약한 사람이 먹으면 좋은 채소이다. 이러한 효능이 무순에는 약 *2-10*배 정도 함유되어 있어 새싹을 '영양의 보고'라고 칭하는 것이다.

무순의 주성분은 비타민*A*와 *C*이어서 감기나 기관지염, 천식을 앓는 환자에겐 효과적이다. 특히 적무순은 철분 함량이 많아 빈혈 환자에겐 더할 나위 없이 좋은 채소이며, 무순보다 덜 매워 무순의 고유의 향을 느낄 수 있다.

*영양소

무 싹에는 일반 무에 들어있는 비타민*A*, 칼슘, 나트리움, 린, 칼리움 등의 광물질이 *10*배 이상 함유되어 있어 만성 피로 등에 너무 좋다. 특히 무에서 가장 좋은 점은 기침과 담을 제거하여 주는 것이다. 기침 제거엔 무를 갈아 즙을 내어 먹으면 특효가 있다.

*기르는 방법

① 무 씨앗을 *6-8*시간 정도 물에 불려준다. 여름에는 *3*시간, 겨울에는 *8*시간 정도 지나면 씨앗에서 싹이 발아하

기 시작한다.

② 물에 불린 지 6시간이 지나면 깨끗한 물로 헹궈주고 물
   위에 뜬 씨앗은 버려준다.

③ 용기에 천이나 하이드로볼을 깔아주고 그 위에 불린 씨
   앗을 골고루 잘 펴지도록 뿌려준다.

④ 하루에 2-3번씩 씨앗이 마르지 않도록 자주 분무기로
   분무하여 준다. 무순은 수분을 많이 필요하므로 여름철
   에는 겨울보다 자주 분무해 주어야 한다.

⑤ 씨앗을 뿌려준 후 약 1-2일이 지나면 싹이 발아되기
   시작하며 5-6일이 지나면 6cm 정도 자란다.

_무

_적무

* 재배포인트

씨앗을 물에 불려 준 후 물위에 뜬 씨앗은 버려준다. 다른
씨앗은 물에 떠도 싹이 날 가능성이 있지만 무 씨앗은 대체
로 싹이 안 나는 편이기 때문에 버려주는 것이 좋다.

무 싹은 다른 새싹보다 줄기가 굵고, 크고, 빨리 자라기 때
문에 다른 새싹과 같은 날 먹고 싶다면 하루 정도 늦춰서 싹
을 키우는 것이 좋다.

크레스

효능 : 혈액의 산성화를 막아주며 요오드성분에 의해 갑상선에 도움을 준다.

*특성

크레스는 유럽 사람들이 가장 좋아하는 채소중의 하나이다. 크레스는 채소보다는 오히려 허브로 보고있기 때문이다. 채식을 많이 먹는 동양에서는 많이 사용되지 않지만 유럽에서는 육류를 주식으로 하다 보니 빠뜨릴 수 없는 향신 채소로 인식되고 있다.

프랑스에서는 *14*세기, 독일에서는 *17*세기부터 재배되었고 일본은 *1870*년대 문물을 개방하면서 외국인을 위해 재배되면서 야생화 되었다.

크레스의 톡 쏘는 맛과 향긋한 향 덕택에 스테이크나 로스

트비프 등 육류요리에 많이 사용된다. 추위와 더위에 모두 강하지만 너무 춥거나 더우면 생장이 멈춘다. 크레스에 열을 가하면 우리 몸에 필요한 영양소들이 모두 파괴되므로 될 수 있으면 녹즙이나 생으로 먹는 것이 좋다.

*영양소

크레스에는 칼슘, 단백질, 철분, 비타민 등 여러가지 영양소가 함유되어 있다. 혈액의 산성화를 막아주며, 해열, 해독, 이뇨, 소화, 흥분작용을 하여 당뇨병, 신경통, 중풍 등에 효과적이다. 특히 임신 중인 여성이나 빈혈로 고생하는 분에게 좋다. 그 이유는 크레스안에 요오드 성분이 갑상선과 내분비선, 호르몬선에 효과적으로 작용하기 때문이다.

*기르는방법

① 새싹용 크레스 씨앗을 구입한 후 약 *10ml* 정도의 용량을 준비한다.

② 천이나 하이드로볼이 깔린 용기 위에 크레스 씨앗을 고루 뿌려준 후 분무기로 씨앗이 젖을 정도만 분무해 준다.

③ 물을 분무해 준 후 약 *2분*이 지나면 씨앗의 껍질에 젤 같

은 물질이 생기는 것을 볼 수 있다. 이 물질이 수분을 흡수하여 씨앗에 수분을 공급해준다. 싹이 나오기전까지는 껍질에 있는 젤이 마르지 않을 정도만 주어야 한다.

④ 매일 분무기로 물이 마르지 않게 자주 뿌려준다.

⑤ 크레스는 *1–2*일이면 발아가 될 만큼 자생력이 강하다.

⑥ 약 *5–6*일이면 *5cm* 이상으로 생장한다. 재배장소는 햇빛이 강하게 비추는 곳보다는 자연스러운 빛이 들어오는 곳에서 재배하는 것이 좋다.

＊재배포인트

크레스 씨앗에 물이 닿으면 *2*분 안에 껍질주변에 젤과 같은 물질이 생겨난다. 이 물질은 수분을 흡수하여 씨앗이 발아할 때까지 수분을 공급해주는 역할을 하고 있다. 그렇기 때문에 싹이 발아하기 전까지 물을 많이 주면 씨앗이 썩을

수 있으므로 주의해야 한다. 발아가 된 이후에는 젤과 같은
물질이 없어지며 씨앗 껍질이 싹에서 떨어지기 시작한다.

아마

효능 : 아토피 치료와 여성 호르몬 보조제로 이용되고 있다.

*특성

아마씨앗은 7000년 동안 중동아시아에서 재배되어 왔으며, 씨앗과 섬유질은 다양한 용도로 사람들에게 도움을 주었다. 특히 아마씨앗에는 비타민F라는 필수 지방산이 고농도로 함유되어 있어서 심장과 혈액순환에 도움을 주고 피부의 건조함을 막아 주어 피부 건조로 인한 피부 질환인 피부건조증, 아토피, 건선 등의 치료에 이용되고 있다. 특히 세라마이드 성분은 피부 건조로 인해 유발되거나 악화되는 아토피 환자의 치료 보조제로 사용되고 있다.

오메가3 오일이 함유된 아마씨는 여성 호르몬에 의해 생기는 여성 질환 예방에 효과가 크다. 리그난이라는 식물성 호르몬은 갱년기 후 불균형하게 과다 작용하는 에스트라디올 호르몬을 견제하여 암으로 진행되는 것을 막아준다.

*영양소

플라보노이드, 필수 지방산, 리놀산(오메가6), 점액질 *12%*, 단백질 *21%*, 무기염류(칼슘, 철, 마그네슘, 망간, 인, 칼륨, 황 등), 각종 비타민.

*기르는 방법

① 아마씨앗은 물에 닿으면 껍질 부분에서 끈적끈적한 물질이 나오기 때문에 물에 불리지 않는 것이 좋다.

② 용기에 면으로 된 천이나, 하이드로볼을 깔고 물에 불린 씨앗을 바닥 면적의 약 *70%* 정도로 퍼지게 골고루 뿌려준다.

③ 물은 촉촉할 정도로 주는 것이 좋다. 씨앗이 잠길 정도로 물을 주면 발아가 잘 안되므로 주의한다.

④ 아마씨앗은 물에 안 불리기 때문에 발아 시기가 *3*일 이상이 될 정도로 많이 늦다.

⑤ 하지만 발아 후 성장은 빨리 되므로 총 6~7일 정도면 충분히 먹을 만큼 자란다. 길이는 약 7~10cm 정도이다.

*재배포인트

아마씨앗은 크레스와 경수채와 같이 물에 닿으면 씨앗 껍질에 끈적끈적한 물질이 생긴다. 그렇기 때문에 물에 불리지 않고 씨앗을 뿌려주어야 한다. 다 자란 새싹에는 씨앗 껍질이 붙어 있는데 껍질이 다른 씨앗과 달리 얇고 크기 때문에 잘 안 떨어진다. 이 때 물로 두어번 헹궈주면 떨어져 나간다. 껍질은 먹어도 상관 없으니 껍질을 모두 떼어낼 필요는 없다.

클로버

효능:갱년기 여성 호르몬 보조제로 이용되고 있다.

*특성

유럽이 원산지이며 세장의 잎으로 구성되어 있다. 네장의 잎은 유전자 돌연변이로 인해 생기는데 이러한 네잎클로버 는 행운을 상징한다고 한다.

클로버는 일명 토끼풀이라고도 불리는 풀로서 식용으로도 아주 우수한 식물이다. 콩이 땅속에 있는 질소성분을 고정 시 켜주듯이 클로버도 그러한 역할을 해준다. 아무데서나 자랄 만큼 생명력이 강하며 따뜻한 온대지방에서 가장 잘 자란다.

클로버에는 마취성분이 들어있어 치통이 생긴 사람이 아 픈 치아 사이에 넣고 씹으면 통증이 가라앉는다. 또한 찰과

상이나 화상을 입었을 때 응급처치로 이용되기도 한다.

클로버는 다른 채소와 달리 태양에너지를 듬뿍 지니고 있기 때문에 사무실에서 일하거나 밤늦게까지 일하여 태양에너지가 부족한 현대인에게 가장 알맞은 건강 식품이다.

*영양소

성 분	비 율	성 분	비 율
단백질	2.8%	지 방	0.5%
질 소	4.7%	섬 유	2.6%

클로버는에는 제니스테인, 다이제인, 바이오카민A, 포르모노네틴 등의 활성 아이소플라본과 폴리페놀류가 상당량 함유되어 있다. 특히 아이소플라본은 호르몬의 하나인 에스트로젠과 거의 흡사한 화학식을 가지고 있다. 이러한 성분 때문에 갱년기 증상을 보이는 여성들에게 효과적이다. 미국 국립보건원(NIH)의 연구에 의하면 인위적인 에스트로젠의 주사로 유방암이나 뇌졸증이 생길 수 있다는 경고를 하였다. 그 이후 미국인들은 호르몬제의 대체 요법으로 클로버를 선택할 정도로 인기를 끌었다.

*기르는 방법

① 새싹용 클로버 씨앗을 구입하여 6시간 정도 물에 불려
   준다. 씨의 모습은 메주콩의 모습을 띠고 있으며 크기
   는 무 씨앗보다는 작고 브로콜리 씨앗보다는 큰 모습을
   하고 있다.

② 색깔은 노란색을 취하고 있어서 물에 불리는 동안 물
   색깔이 노랗게 변하므로 중간 중간 깨끗한 물로 교체해
   주는 것이 좋다.

③ 물에 불린 씨앗을 천이나 하이드로볼이 깔린 용기에
   고루 뿌려주며 물은 씨앗이 젖을 정도만 분무기로 뿌
   려준다.

④ 클로버의 성장 속도는 빠르기 때문에 하루 이틀이면 금
   세 싹이 자라기 시작한다.

⑤ 통풍이 잘되고 강한 햇빛이 안 드는 곳에 놓아둔다. 햇
   빛을 보여주면 줄기가 굵게 자라지 않고 녹색의 실과
   같이 자란다.

⑥ 약 6일이 지나면 5-7cm로 자라며 깨끗한 물로 씻어준
   후 먹는다.

✳ 재배포인트

클로버는 노란색을 띠고 있어서 물에 불리는 동안 색소가 빠지므로 중간중간 깨끗한 물로 헹궈주는 것이 중요하다. 싹의 잎이 상당히 크게 자라므로 씨앗을 뿌릴 때 충분한 공간을 확보할 수 있도록 씨앗 사이사이를 여유 있게 뿌려주어야 한다. 새싹들도 경쟁을 하기 때문에 공간이 부족하면 잘 자라지 못하는 새싹도 있게 마련이기 때문이다.

배추

효능:소화를 도우며 변비 치료에 도움을 준다.

*특성

배추는 서늘한 곳에서 자라는 저온성 채소로서 한국인이 가장 많이 섭취하는 채소중의 하나이다. 한의학에서는 위를 튼튼하게 해주어 소화를 도우며 담을 내려주는 것으로 보고 있다. 또한 대소변 배변에 작용하여 변비 치료에 응용되고 있다. 배추에는 비타민C가 풍부히 들어 있지만 소금이나 국으로 끓여도 잘 파괴되지 않는 특징을 가지고 있다. 특히 배추에는 칼슘이 풍부하여 육류로 인한 산성화를 중화하여 주는 기능이 있어 고기 먹을 때 배추를 이용하여 쌈을 싸 먹는 것이 좋다. 또한 비타민C외에도 여러가지 비타민과 무기질, 아미노산이 포함되어 있어 현대인에게 가장 이상적인 건강식품으로 이용되고 있다.

영양소

성 분	비 율	성 분	비 율
열 량	48	탄수화물	7.2
단백질	3.9	지 방	0.6
비타민A	21	비타민C	138
니아신	0.9	비타민B6	0.46
엽 산	138.3	칼 슘	153

배추에는 비타민C가 풍부하게 포함되어 있기 때문에 감기를 치료하는데 특효약으로 알려져 있다. 중국에서는 배추로 만든 수프를 감기 예방약으로 이용한다고 한다.

기르는 방법

① 새싹용 배추 씨앗을 구입한 후 6시간 정도 물에 불려준다.

② 물에 불린지 6시간이 지나면 깨끗한 물로 2번 정도 행

귀주고 물에 뜬 씨앗은 버려준다.

③ 용기에 천이나 하이드로볼을 깔아주고 그 위에 불린 씨앗을 골고루 잘 펴지도록 뿌려준다.

④ 씨앗을 뿌린 후 분무기를 이용하여 하루에 *2-3*번씩 마르지 않도록 자주 분무하여 준다.

⑤ 씨앗을 뿌려준 후 약 *2-3*일이 지나면 싹이 발아되기 시작하며 *7-8*일이 지나면 *5cm* 정도 자란다. 배추는 브로콜리에 비해 새싹이 크게 자라지 않는다.

＊재배포인트

배추의 적정 온도는 *13-25*도 이며 *13*도 이하일 경우 생장이 멈출 수 있으며 *25*도 이상 올라갈 경우 환기가 잘되는 곳에 놓아두기 바란다.

완두

효능:당뇨로 인한 목마름을 제거해 주며 이뇨작용이 있다.

특성

콩과의 한·두해살이 풀로서 잎은 깃털과 같은 모양의 겹잎이며, 원산지는 그리스·로마 지역인 지중해 연안이다. 완두의 주 성분은 탄수화물이며, 단백질도 다량 함유되어 있다. 비타민 *A*, *B*, *C*가 풍부하며 향이 강하여 일식이나 양식 요리에 주로 이용 되어지고 있다.

영양소

단백질 종류인 글로브린과 라이신, 트립토판이 포함되어

있으며, 베타카로틴, 비타민 *A*, *B*, *C*, 아미노산이 풍부하다. 특히 비타민 *C*는 토마토의 *3*배, 글루타민산은 토마토의 *6*배가 함유되어 있다고 한다. 완두를 많이 먹으면 췌장의 상태를 바로 잡아주고 당뇨병으로 인한 목마름을 진정시켜 준다고 한다. 또한 몸이 붓거나 소변보기 거북스러울 때 이뇨효과를 보여준다고 한다.

* 기르는 방법

① 새싹용 완두 씨앗을 구입한다. 구입한 씨앗은 일반 완두와 달리 건조 과정을 거친 완두이기 때문에 모양은 쭈글쭈글하고 축소된 모습을 하고 있다.

② 완두를 물에 약 *6–8*시간정도 담가 둔다. (여름: *6*시간, 겨울: *7–8*시간)

③ 물에 불린 완두는 처음 모습과 달리 일반 시중에서 파는 완두와 같이 둥글 해지고 커진 모습이다.

④ 불린 완두를 재배용기에 골고루 뿌려준다. 뿌려주는 양은 재배용기에 가득채우지 말고 듬성듬성 뿌려준다. 재배용기 넓이의 약 *60%*수준으로 뿌려준다. 완두는 다른 새싹과 달리 뿌리가 상당히 크고 길게 나기 때문에 빽빽하게 키울 경우 서로 성장을 방해하기 때문이다.

⑤ 완두를 뿌린 후 약 *2–3*일이 지나면 하얀색의 흰 뿌리

가 나오기 시작하고 *3-5*일이 지나면 싹이 자라기 시작
한다. 약 *9-13*일이 지나면 싹의 길이가 *10cm* 정도로
먹을 수 있을 만큼 커진다.

＊ 재배포인트

완두의 적정 발아온도는 *10-20*℃ 이며, 생육온도는 *5-
28*℃ 이다.

완두를 재배용기에 뿌릴 때 완두가 서로 붙지 않게 뿌려
주어야 한다. 완두에 있는 단백질 성분이 서로 엉겨 붙기 때
문에 이것으로 인해 성장을 방해 할 수 있기 때문이다.

여름에는 온도가 *30*℃ 까지도 올라가는데 이 때는 완두의
재배를 중단하는 것이 좋다. *30*℃ 이상 올라가면 발아를 시
키기 어렵기 때문이다. 물에 불린 씨앗을 재배용기에 넣고
물을 뿌려 줄 때 물을 씨앗에 묻을 정도만 주어야 하는데 조

금이라도 씨앗이 잠길 정도로 주면 높은 온도로 인해 씨앗이 썩어버리기 때문이다.

9-13일이 지나면 약 *10cm*가 되는데 완두 씨앗으로부터 싹을 잘라내어 싹만 먹고 씨앗은 버린다. 완두는 콩과 이다 보니 약간의 비린내가 나기도 한다. 그렇기 때문에 완두 싹은 생으로 소스에 찍어 먹기 바란다. 완두 싹을 뜨거운 음식과 같이 요리할 경우 비린내가 심하게 나므로 주의하기 바란다.

유채

효능:피부미용 및 성인병 예방에 도움을 준다.

*특성

중국이 원산지이며 우리나라에서는 제주와 남부지방에서 많이 재배되는 십자화과에 속하는 채소이다.

유채씨를 이용하여 기름도 생산하는데 유채씨 기름에는 단백질과 비타민이 풍부하여 피부미용이나 성인병 예방에 이용되고 있다.

성 분	비 율	성 분	비 율
팔미치산	4	스테아린산	1.7
올레인산	64.9	리놀산	9.7
에이꼬젠산	0.7	에루진산	0.05
구루코지노레이트	1.5mg		

*기르는 방법

① 새싹용 유채를 구입하여 약 6시간 정도 물에 불려준다. 유채씨로 기름도 만들기 때문에 씨앗껍질이 반질반질 거리는 것이 좋은 씨앗이다.

② 물에 충분히 불렸으면 깨끗한 물로 헹궈준 후 물위에 뜬 씨앗은 버려도 된다. 하지만 물위에 떠 있다고 전부 안 좋은 씨앗은 아니니 버리지 말고 그냥 같이 써도 된다.

③ 천이나 하이드로볼이 깔린 용기에 물에 불린 씨앗을 고루 뿌려준다. 물은 매일매일 씨앗이 마르지 않도록 주며 물이 씨앗을 넘칠 정도로 주면 안 된다.

④ 2일 정도 지나면 씨앗에서 싹이 발아하기 시작하며 7일 정도 지나면 먹을 수 있을 만큼 자란다.

⑤ 새싹의 모습은 가는 줄기와 무잎처럼 생긴 싹으로 구성
　되어 있다.

⑥ 직접적인 햇빛은 피해주며 통풍이 잘되는 곳에 놓아둔
　다. 직사광선을 쬐어줄 경우 줄기가 짧고 가늘며 생장
　이 늦어진다.

*재배포인트

유채의 적정 성장 온도는 *20~25*도 사이이다.

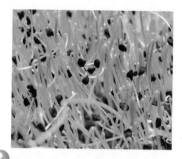

부추

효능 : 혈액 정화기능이 있어 생리 불순에 좋다.

*특성

부추는 *60cm*까지 자라는 달래과에 속하는 다년생 초본이다. 영양가가 높으며 다른 채소와 달리 독특한 향기를 가지고 있다.

부추는 영양가가 높아 자양강장약으로 한의학에서 이용되고 있으며 혈액정화와 순환을 촉진하는데 도움을 준다. 특히 혈액 정화시 나쁜 피를 배출하는 작용이 있어 여성들의 생리양을 증가시켜 생리통을 완화하여 준다. 또한 빈혈 치료에 효과적이며 설사나 구토가 날 때 부추의 즙을 내어 생강즙과 같이 마시면 좋다. '동의보감'에서는 몸이 찬 사람이 부추를 먹으면 몸이 더워지고, '본초강목'에서는 심장을 편안하게 하여 무릎과 허리를 덥게 하고 위(胃)의 열을 제거하며, 가슴의 답답함을 해소시켜 준다고 적혀있다.

*영양소

부추에는 비타민*A*, *B1*, *B2*, *C*가 함유되어 있는데 그 중에 비타민*A*가 가장 많이 함유되어 있다. 특히 부추에 포함되어 있는 비타민*C*는 비타민*B1*의 흡수를 높이고 유황화합물이 비타민*B1*과 결합해 더욱 체내의 흡수를 도와준다. 또한 유황화합물은 살균과 방부 작용도 하여 결장암을 억제 시켜준다. 부추의 독특한 향기는 이황화알릴에 의한 것인데 이 성분은 휘발성분이라 뜨거운 물에 살짝 데치기만 해도 날아가 버리지만 그 성분은 데친 물이나 부추에 그대로 남아 흥분, 피로회복, 정력증진, 혈액 응고방지에 효과가 있다. 이외에도 부추에는 철분과 엽록소가 풍부하여 빈혈과 코피가 자주 나는 체질에 좋다.

부추에 포함된 비타민*A*의 전구체인 베타카로틴은 부추를 기름에 볶아 먹으면 베타카로틴의 소화흡수를 증가시켜 눈의 피로를 회복시켜 준다.

*기르는 방법

① 새싹용 부추 씨앗을 구입하여 물에 8-9시간 불려준다. 부추 씨앗은 다른 씨앗과 달리 매우 가볍고 얇기 때문에 물에 불려도 무 씨앗처럼 몇 시간 만에 발아가 되지 않는다.

② 물에 불린 씨앗을 천이나 하이드로볼이 깔린 용기에 빼곡하게 뿌리지 말고 씨앗과 씨앗사이에 공간이 있을 정도로 골고루 뿌려준다.

③ 용기에 고루 뿌려준 후 하루에 3-4번 천이나 하이도로볼이 마르지 않도록 분무기를 이용하여 분무해 준다. 밑에 물이 고여 있을 경우 여름에는 썩어 버리고 겨울에는 따뜻한 방안에서 키울 줄 경우 곰팡이가 생길 가능성이 크다. 곰팡이는 따뜻한 온도와 높은 습도가 유지되면 피어나므로 겨울이라고 해서 방심하면 안된다.

④ 물에 불리고 용기에 뿌린지 약 4-5일이 지나면 씨앗에서 하얀색의 싹이 움트기 시작한다. 부추 싹은 굉장히 늦게 발아 되므로 2-3일이 지나도 싹이 나지 않는다고 속상해 하지 말라.

⑤ 계속해서 마르지 않도록 물을 분무해 주며 약 10-13일이 지나면 약 10cm가 넘게 자라게 된다. 그러면 새싹을 물로 헹군 후 맛있게 먹는다.

부추는 다른 새싹과 달리 발아 시기가 4-5일이 되기 때문에 끈기를 갖고 키워야 한다. 싹이 나더라도 성장은 빠르지 않아 10-13일 정도 지나야 먹을 수 있으며 냄새를 맡으면 부추 고유의 향기가 나기 때문에 방향제로도 이용할 수 있을 것이다.

보리

효능 : 간염, 간경화, 간암 환자에게 좋다.

*특성

　보리가 우리나라에서 재배되기 시작한 시기는 약 3천년
전부터 시작되었으며 보리를 이용하여 맥주를 만들거나 엿
기름 등을 만들고 있다. 추운 곳에서도 잘 자라는 냉한 식물
로서 체질이 냉한 분들에게는 잘 맞지 않는 채소중의 하나이
다. 보리새싹에는 여러가지 성분이 함유되어 있어 약재로도
사용되어왔는데 요즘에는 보리새싹을 갈아 즙을 내어 마시
는 청즙으로 많이 이용되어지고 있다. 보리새싹을 갈아 만든
즙에 과일즙을 혼합하여 마시거나 보리새싹을 동결 건조하
여 만든 분말을 물에 타 마시기도 한다. 청즙에는 보리새싹

을 그대로 먹을 때 보다 영양소가 높아 우유 3배의 칼슘, 양배추 10배의 식이섬유, 시금치 11배의 철을 흡수할 수 있다. 그 이유는 즙을 내어 마시면 세포막이 없는 영양소를 먹기 때문이다.

보리새싹에는 간의 열을 내리고 독을 풀어주며 기능을 높여주기 기능이 있어 간염이나 간경화 환자에게 좋다. 보리새싹은 성질이 차갑기 때문에 소음인이나 태음인은 성질이 더운 약재, 즉 인삼이나 꿀과 함께 먹으면 좋다.

보리새싹이 유명해진 이유중의 하나는 미국의 유명한 배우가 보리새싹과 밀새싹을 갈아 3개월 동안 마셔 간암을 고친 사례가 있어 유명해졌다.

*영양소

보리새싹에는 여러가지 미량의 원소와 효소가 많이 들어 있어 간의 열을 내리고 독을 해독하여 만성간염, 간경화증 등에 효과적이다. 비타민, 효소, 엽록소등이 함유되어 있으며 시금치 11배의 칼슘, 3배의 마그네슘, 무려 18배의 칼륨이 들어 있다. 이러한 미네랄은 사람의 근육과 신경계의 기능을 원활하게 해주며 호르몬의 생성에 꼭 필요한 요소이다.

보리새싹에는 효소도 많이 들어 있어 소화를 잘되게 하여 신진대사를 촉진 시켜준다. 비타민은 비타민*B1*이 우유의 *30*배, 비타민*C*는 시금치의 *33*배, 카로틴은 *6.5*배가 함유되어 있다.

* 기르는 방법

① 새싹용 보리 씨앗을 구입하여 *8-9*시간 정도 물에 불려준다. 보리 씨앗은 브로콜리 씨앗보다 크고 단단하기 때문에 *6*시간 불리는 것으로는 부족하다.

② *8-9*시간 정도 물에 불려주었으면 깨끗한 물로 *2*번 정도 헹궈주면서 물위에 뜬 씨앗은 버려준다. 물위에 뜬 씨앗은 대부분 속이 빈 씨앗이거나 발아가 안 되는 것들이다.

③ 깨끗하게 헹궈주었으면 천이나 하이드로볼이 깔린 용기 위에 물에 불린 씨앗을 골고루 뿌려준다.

④ 뿌려준 후 약 *3*일이 지나면 하얀 싹이 나기 시작하고 *4-5*일 정도 지나면 거미다리 같은 뿌리가 자라기 시작하고 *5-6*일이 지나면 녹색의 보리새싹이 자라나기 시작한다.

⑤ 보리씨앗을 뿌린지 약 *2*주 정도가 지나면 *10cm* 이상의 새싹이 자란다. 이 때 씨앗과 새싹을 이어주는 부분

을 잘라주어 된장찌개나 녹즙기에 갈아 마시면 된다.

*재배포인트

보리는 차가운 성질이 가지고 있기 때문에 추운 곳에서 발아를 시켜주어야 1-2일만에 싹이 나기 시작한다. 겨울에는 아파트일 경우 베란다가 거실이나 방보다 추우므로 베란다에서 싹이 날 때까지만 키워주고, 주택일 경우엔 이중창 사이의 창 턱에 놓아 싹이 틀 때 까지 놓아둔다. 여름에는 에어컨이 있는 부근에 놓아 두거나 에어컨이 없을 경우 물에 불린 씨앗을 천으로 감싸거나 용기에 넣어 채소실에 넣어둔다. 냉장고의 온도가 너무 낮을 경우 발아하는데 1주일이 걸리므로 가끔씩 냉장고에서 꺼내어 2시간정도 거실에 놓아두었다가 다시 냉장고에 넣어둔다. 이런 작업을 하루에 2번 정도하면 약 3-4일 정도면 발아되기 시작한다.

발아가 되고 싹이 나기 시작하면 방안에서 키워도 된다. 적정 발아온도는 약 *10*도이다.

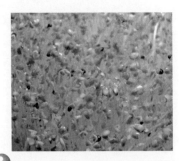

경수채

효능 : 입맛을 돋아주는데 효과적이다.

*특성

일명 교나라고도 알려져 있는 채소로서 흙과 물로만 키운다 하여 경수채라는 이름이 붙여졌다. 경수채는 겨자류의 채소로서 전혀 맵지 않으면서도 향기가 나기 때문에 쌈거리용으로 많이 이용되고 있다. 경수채는 일본의 특산물이기 때문에 우리나라 사람들에게는 생소한 채소중의 하나이지만 요즘 삼겹살 집이나 쌈밥 집에서 고기의 누린내를 없애주고 아삭아삭한 씹는 맛으로 인해 고객의 입맛을 돋궈주어 많이 제공하고 있다.

경수채는 칼슘, 칼륨, 나트륨, 인 등의 무기질 영양소가 다량 함유되어 있다.

*기르는 방법

① 새싹용 씨앗을 구입하여 천이나 하이드로볼이 깔린 용기에 흩어 뿌려준다. 경수채는 물이 닿으면 씨앗 껍질에 끈적끈적한 액체가 생겨 나중에 골고루 뿌릴 때 상당히 어려우므로 물에 불리지 말고 뿌리도록 하자.

② 또한 끈적끈적 물질은 수분을 지니기 때문에 물에 담가두지 않아도 된다. 대신 물에 불리지 않기 때문에 발아시기는 조금 늦어지게 된다.

③ 물은 매일매일 물이 마르지 않도록 분무기로 계속 주어야 한다. 물을 많이 줄 경우 발아 전일 때는 썩어버리거나 발아 후 새싹일 때는 곰팡이가 피어 물러질 수 있다.

④ 씨앗을 뿌린지 약 2-3일 정도 지나면 씨앗에서 싹이 발아되기 시작한다. 보통 일주일 정도 지나면 길이가 3cm 정도 자라게 되는데 2-3일 더 기다리면 5cm까지 자라게 된다. 새싹채소는 어린 채소일 수록 영양소가 높다는 특징을 갖고 있지만 일주일 키우면 먹을 것이

별로 없으므로 9일 정도 키우는 것이 좋다.

경수채 씨앗에 물이 묻으면 껍질외부에 끈적한 물질이 생
겨 씨앗을 뿌릴 때 손에 붙어 잘 안 떨어지므로 물에 불리지
말고 씨앗을 뿌리도록 하자.

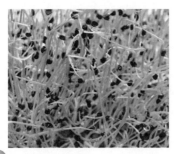

파

효능 : 몸이 차거나 감기에 걸린 사람에게 도움을 준다.

*특성

파는 백합과에 속하는 다년생 초본으로서 *40-70cm*까지 커지는 채소이다. 파의 종자는 흑색으로서 부추 씨와 거의 비슷한 모습을 하고 있다. 길이는 *2-3mm*, 폭은 *1.5-2.5mm*, 두께는 *1-1.3mm*에 불과한 아주 작고 얇은 씨앗이다. 다른 씨앗과 달리 물에 불려도 씨앗이 물에 불려 커지지 않으며 씨앗이 물에 잘 젖지 않기 때문에 껍질에 기름기가 있는 것 같은 착각을 일으키기도 한다. 백합과에 속하기 때문에 음식에 파를 넣으면 향을 좋게 만들며 맛을 높여준다.

*영양소

파에는 유황성분이 많아 산성식품중의 하나이긴 하지만 칼슘, 인, 철분이 상당히 포함된 영양식품이다. 파는 한의학적으로 더운 음식에 속하므로 음체질인 사람에게 맞는 채소이다. 또한 몸을 덥게 해주기 때문에 감기에 걸린 사람에게 아주 좋은 식품이며, 폐 기능을 활성화시켜주며 소화기능을 도와준다.

파의 독특한 냄새와 맛은 황함유 유화알릴 화합물 때문인데 이 물질은 비타민$B1$의 흡수를 도와주고 혈액내의 콜레스테롤의 산화를 방지하여 동맥경화를 예방하여 준다. 또한 몸을 따뜻하게 해주는 물질이기도 하다. 하지만 파는 미역과 같이 먹으면 좋지 않다. 파의 황함유 유화알릴 성분과 인이 결합하여 미역내의 칼슘의 흡수를 방해하기 때문이다.

*기르는 방법

① 새싹용 씨앗을 구입하여 6~8시간 정도 물에 불려준다.
② 파 씨앗은 굉장히 가벼워 물에 잘 뜬다. 이 때는 손가락으로 물을 여러 번 저어주면 씨앗이 물에 잘 젖는다.
③ 물에 불려준 후 깨끗한 물로 헹궈주고 물에 뜬 씨앗은 버리지 말자. 씨앗이 워낙 가볍기 때문에 잘 뜨기 때문

에 불량 씨앗이 아닐 수 있기 때문이다.

④ 천이나 하이드로볼이 깔린 용기에 불린 씨앗을 골고루 뿌려준다. 물은 매일매일 많이 주지 말고 마르지 않을 정도만 준다.

⑤ 파 씨앗에서 싹이 발아되기까지는 약 3~4일이 걸린다. 하얀 싹이 나면서 발아되기 시작하는데 6일이 지나면 싹이 녹색의 줄기로 자라기 시작하고 2주 정도 되면 약 10cm로 자란다.

⑥ 2주 정도 지나면 수확하여 깨끗한 물로 씻어준 후 먹으면 된다.

*재배포인트

파의 적정한 발아온도는 15~30도 이며 대체로 15도 내외의 온도에서 가장 잘 자란다.

10도 이하의 온도에서도 자라지만 성장이 늦고 30도 이상에서는 잘 자라지 않는 특성을 지니고 있다.

해바라기

효능: 혈전을 예방하여주며 고혈압, 심장질환에 도움을 준다.

*특성

해바라기는 국화과에 속하며 북아메리카가 원산지이다. 기원 3,000년 전부터 인디언들에 의해 재배되기 시작했다. 러시아에서 대량 재배되면서 중요작물중의 하나로 속하게 되었으며 해바라기씨는 기름, 식용, 사료, 관상용으로 이용되고 있다. 높이는 1-3m로 자라 직립하며 줄기에는 빳빳한 털이 나 있다.

해바라기 기름은 화장품이나 비누제품에 이용되며 씨앗은 어린이 간식용이나 술 안주로 이용된다. 해바라기의 씨앗과 꽃, 뿌리 등은 여러 질병을 치료하는데 이용되며 씨앗은 고름을 치료하는데, 꽃은 눈을 밝게 하는데, 뿌리는 쾌변 할 수 있도록 도와준다.

*영양소

	해바라기 씨앗에 포함된 지방산
팔미트산	5%
스테아르산	5%
올레산	32%
리놀레산	52%
아라키드산	1.1%
비헨산	1%
리놀렌산	0.3%

해바라기 씨에는 *60%*가 넘는 기름을 가지고 있다. 이 기름에는 포화지방산이 거의 없으며 영양적으로도 좋은 리놀레산 지방이 풍부하다. 또한 단백질도 풍부하여 어린이 간식으로도 좋다. 씨앗에는 토코페롤과 필수 아미노산이 들어있어 균형 잡힌 영양섭취를 할 수 있다.

*기르는 방법

① 새싹용 해바라기 씨앗을 구입하여 여름에는 6시간 정도 겨울에는 9시간 정도 물에 불려준다.

② 해바라기 씨앗은 가볍기 때문에 물에 거의 뜬다. 하지만 물에 담가 놓으면 거의 대부분의 씨앗이 물속에 잠긴다.

③ 물에 불린 씨앗을 깨끗한 물로 씻어준 후 천이나 하이드로볼이 깔린 용기에 골고루 뿌려준다.

④ 물은 매일매일 마르지 않게끔 뿌려주고 너무 많이 물을 줄 경우 해바라기 씨앗이 썩을 수 있으므로 조금씩 준다.

⑤ 이틀정도 지나면 씨앗에서 순이 나기 시작한다.

⑥ 씨앗을 뿌린지 약 8-10일 정도 되면 해바라기가 7-10cm로 자라게 된다. 발아 시기가 씨앗마다 다르므로 길게 자란 싹은 잘라서 보관하고 나머지 싹은 하루 이틀정도 더 기르도록 한다.

해바라기의 적정 성장온도는 20~30도로 상당히 높은 온도이다. 하지만 0도 이하로 떨어지지만 않으면 자라는데 별 이상은 없다. 가능한 한 높은 온도에서 재배하며 빠른 기간 안에 키우기 위한다면 햇빛이 드는 베란다에서 키우면 된다.

밀

효능 : 피를 강력하게 정화하여 주어 혈액내의 독소와 노폐물을 제거하여 준다.

밀은 전 세계적으로 중요한 식량작물중의 하나로 남극을 제외하고 전지역에서 재배되고 있다. 밀의 씨앗은 길이가 *5-6mm*이며 폭은 *3mm*, 두께는 *2-3mm* 정도이다. 모습은 타원형의 모습이며 한쪽 면에는 깊은 골이 파여있다. 싹이 난 밀은 식용으로 사용할 수 없다. 밀의 *90%*는 제분되어 제과, 제빵용으로 쓰인다.

밀 싹은 대부분 즙을 내어 마신다. 녹즙이나 과일쥬스와 달리 밀싹즙은 곡식 싹으로 만들어지기 때문에 구별되어지고 있다. 밀싹즙은 강력한 정화작용이 있어 피를 깨끗하게 해주는 효능을 가지고 있다. 밀싹즙의 정당량은 소주잔으로 한 잔정도 마시는 것이 좋다. 이정도 마시면 너무 강력한 정화작용으로 인하여 처음 마시는 사람은 어지럽거나 숨쉬기 곤란함을 느낄 수 있는데 일시적인 현상이므로 처음에는 소주잔의 *1/4*정도만 마시고 차츰차츰 양을 늘려나가는 것도 좋은 방법일 수 있다.

*영양소

성 분	비 율	성 분	비 율
단백질	32g	식이섬유	37g
탄수화물	37g	비타민A	231.U
엽록소	543mg	철	34mg
칼 슘	277mg	엽산	100mg
니이아신	6.1mg	리보플라빈	2.03mg

밀싹에는 독성이 없는 완전식품으로 우리 몸에 필요한 비타민과 무기질을 가지고 있으며 *30여종*의 효소를 포함하고 있다. 밀싹 *100g*을 섭취하면 다른 채소 *230g*을 섭취한 만큼의 영양소를 섭취한다고 한다. 밀싹에 있는 엽록소는 혈액속의 헤모글로빈과 거의 비슷한 분자구조를 가지고 있다. 그렇

기 때문에 혈액속에 포함되어 있는 이산화탄소를 빨리 밖으로 배출해 주며 적혈구의 생성을 도와준다.

몸에 상처가 나 아플 때 임파선 부분에는 특이한 점액질이 쌓이게 되는데 이 때 밀싹즙을 마시면 점액질을 분해하고 배설하여 줌으로서 임파계를 청소하여 준다. 혈액에 불순물과 독소가 쌓이면 우리의 몸은 바로 병들게 된다. 밀싹즙은 이렇게 중요한 혈액을 청소하여 주고 독소를 제거하여 주며 암세포를 죽인다는 결과도 발표되었다.

*기르는 방법

① 새싹용 밀 씨앗을 구입하여 약 8-9시간 정도 물에 불려준다. 밀 씨앗의 색깔이 노란색으로서 밀의 색소가 빠져 나와 물을 노란색으로 물들인다. 그러므로 물에 불리는 시간 동안 두어번 정도 깨끗한 물로 바꾸어 주면 좋다.

② 8-9시간 정도 물에 불려주었으면 깨끗한 물로 씻어주고 물위에 뜬 씨앗은 건져내어 버린다.

③ 천이나 하이드로볼이 깔린 용기위에 물에 불린 씨앗을 골고루 뿌려준다. 물은 매일매일 분무기로 마르지 않도록 분무해 주며 너무 많이 물을 주면 썩거나 곰팡이가

필수 있으므로 주의하기 바란다.

④ 밀의 발아시기는 약 3일 정도 걸리며 밀 씨앗에 하얀 색의 싹이 나기 시작한다. 발아된 모습이 꼭 팝콘의 모습과도 흡사하다.

⑤ 싹이 나더라도 먼저 뿌리부터 자라기 시작하며 5일 정도 되어야 녹색의 싹이 자라기 시작한다.

⑥ 씨앗을 뿌린지 10일 이상이 되면 먹을 수 있을 만큼 자란다. 뿌리와 줄기 부분을 잘라 즙을 내어 먹거나 음식에 넣어 요리하면 된다.

*재배포인트

밀도 보리와 같이 냉한성 식물이기 때문에 좀 추운 곳에서 발아를 시켜야 한다. 겨울철에는 좀 추운 곳에 두면 2-3일 안에 발아가 되며 여름철에는 25도 이상의 장소에서 발아를 시키면 발아가 잘 안되거나 썩을 수 있다. 이럴 때는 물에 불린 씨앗을 헝겊에 감싸거나 용기에 넣어 냉장고 안에서 발아를 시킨다. 냉장고의 온도가 너무 낮으면 발아 할 때까지 6일 정도 걸린다. 그러므로 하루에 1-2번씩 냉장고에서 2-3시간 정도 꺼내어 놓고 다시 냉장고 안에 넣어두면 된다.

자연스러운 빛은 보여주면 좋지만 직접적인 햇빛의 노출은 피해주는 것이 좋다. 직접적으로 햇빛을 보여주게 되면 싹의 성장이 늦어지고 뻣뻣해지기 때문이다.

메밀

효능 : 위궤양, 성인병에 효과적이며 비만을 억제하여 준다.

*특성

메밀의 원산지는 중앙아시아이며 서늘한 기후에서 잘자라고 씨앗의 색깔은 흑갈색을 띤다. 메밀은 건조하고 척박한 땅에서도 잘 자라고 기후변화에 잘 적응하는 특성을 가지고 있어 예로부터 밀이 생산되지 않는 우리나라에서 메밀 씨앗을 이용하여 국수를 뽑고 묵을 만들어 먹었다.

메밀에는 다른 채소에는 없는 루틴이라는 성분이 들어 있는데 이 성분은 비타민P의 일종으로서 위염, 위궤양, 성인병에 효과가 있으며 지방의 대사를 높여 비만을 억제하여주는 효과를 지니고 있다. 또한 수용 성분이기 때문에 모세혈관을 강화시켜주어 뇌출혈 등 혈관계 질환예방에 뛰어난 효과를 지니고 있다.

＊영양소

메밀에는 루틴외에도 여러가지 필수 아미노산과 트리오닌 라이신, 비타민, 인산등이 함유되어 있다. 비타민 중에는 비타민B가 많으며 비타민A는 거의 함유되어있지 않다.

메밀속에 함유되어 있는 성분을 자세히 들여다보면 쌀에 비해 2배나 많은 라이신이 포함된 아미노산, 그리고 이 아미노산이 함유된 단백질이 들어있다. 메밀 100g당 비타민B가 하루 필요량의 40%가 함유되어 있고 대장암과 변비를 예방해 주는 섬유질이 들어있으며 칼륨, 인, 철분, 마그네슘 등 무기질이 풍부하게 함유되어 있다.

＊기르는 방법

① 새싹용 메밀 씨앗을 구입한 후 물에 8-10시간 정도 불려준다. 메밀 씨앗 껍질은 다른 씨앗과 달리 두껍기 때문에 2-3시간 더 물에 불려주어야 한다.

② 물에 불리는 중간에 두어번 깨끗한 물로 갈아주기 바란

다. 메밀의 색소가 물에 빠져 물 색깔이 흑갈색으로 변하기 때문이다.

③ 씨앗을 물에 넣을 경우 물에 잘 가라 앉지 않지만 잘 흔들어 주거나 시간이 지나면 서서히 가라 앉는다.

④ 불린 지 8시간 정도 지나면 깨끗한 물로 헹궈주면서 위에 뜬 씨앗이나 껍질을 제거해 준다.

⑤ 천이나 하이드로볼을 깔아둔 용기에 물에 불린 씨앗을 고루 뿌려준 후 분무기로 물이 젖을 정도만 분무해 준다. 특히 여름에는 물을 너무 많이 줄 경우 썩어 버릴 수 있으므로 조심하길 바란다.

⑥ 3일 정도 지나면 싹이 발아되기 시작하는데 메밀은 신문지나 천으로 덮어 키워주기 바란다. 이 때 공기 순환이 잘 되도록 신문지에 구멍을 내어주거나 조금 열어주기 바란다. 발아 전 단계에서 빛을 차단해도 되고 차단하지 않아도 되지만 발아한 후 싹이 조금 나기 시작하면 될 수 있으면 빛을 차단해 주기 바란다. 여기서 가장 중요할 점은 통풍이 잘 되어야 한다는 점이다.

⑦ 7-9일 정도 되면 메밀 싹이 6-15cm로 자라게 되는데 메밀 머리에 붙은 씨앗 껍질을 제거한 후 물로 씻어주어 먹으면 된다.

* 재배포인트

메밀은 발아 적정온도가 *10*도 정도가 적당하다. 겨울이나 봄, 가을에는 일반적으로 *80%* 이상의 높은 발아율을 보이지만 여름에는 발아가 잘 안 되는 편이다. 이럴 때는 물에 불려둔 씨앗을 헝겊으로 감싸거나 용기에 담아 냉장고에 넣어두었다가 가끔씩 냉장고에서 꺼내는 방법으로 발아를 시키는 것이 좋다. 냉장고의 온도는 약 *4*도인데 이렇게 낮은 온도에서는 발아가 약 *6*일 정도로 늦춰지기 때문이다.

메밀싹은 햇빛이 비추는 곳에 놓아둘 경우 줄기와 머리부분이 빨간색으로 변하게 된다. 물론 빨간색으로 변해도 먹지 못하는 것은 아니지만 보기에 안 좋으므로 될 수 있으면 햇빛을 보여주지 않는 것이 좋다. 햇빛을 보여주지 않으면 황금 빛의 색깔로 자라게 된다.

순무

효능:간암, 간경화를 완화하여 준다.

*특성

순무는 무와 같이 십자화과에 속하는 채소로서 지중해 연안이 원산지이다. 모양도 무와 흡사하지만 순무의 속은 배추와 닮아서 배추과에 속한다고 볼 수 있다. 순무의 생김새는 원추형이거나 원통형이며 잎은 옆으로 퍼진 형태로 거칠다. 우리나라에서는 1천년 전부터 강화도에서 재배해 온 것으로 보고있다. 무보다는 수분이 적으며 매운맛과 단맛이 강하다. 단, 순무 새싹의 매운맛은 그리 강하지 않다. 순무의 매운맛은 '이소티오시아네이트' 라는 성분으로 오래 전부터 항암성분으로 알려진 물질이다. 이러한 성분이 간암이나 간경화 증상을 완화시켜주는 것으로 알려졌다. 이외에도 '인돌' 성분이 포함되어 있어 식도암, 폐암, 대장암을 예방하는데 효과가 있다.

한의학적으로 볼 때 순무는 몸을 가볍게 하고 기를 증가시켜 주며 순무씨로 만든 기름은 눈이 밝아지게 하는데 효염이 있다고 한다.

*영양소 (*100g당*)

성 분	비 율	성 분	비 율
수 분	91.4%	단백질	2g
지 질	0.2g	탄수화물	5.2g
칼 슘	74mg	인	22mg
나트륨	46mg	칼륨	230mg
비타민B2	0.33mg	비타민C	18mg

순무의 영양가치는 무와 거의 비슷하다. 식이섬유가 풍부하여 대장암과 변비에 좋으며 칼륨이 *230mg*이나 포함되어 있어 고혈압 환자에게 좋다. 또한 칼슘도 풍부하여 뼈가 약한 사람에게 혹은 피를 생산하는데 필요한 철분을 제공하여 준다. 특히 이러한 성분은 순무의 뿌리보다는 잎에 많이 들어있

다. 뿌리에는 트립토판과 라이신이라는 아미노산이 많다.

*기르는 방법

① 새싹용 순무 씨앗을 구입하여 6-8시간 정도 물에 불려준다. 순무의 씨앗은 일반 무나 적무와 달리 작다. 거의 다채 씨앗과 같다고 보면 된다.

② 물에 불린 씨앗을 두어번 깨끗한 물로 헹궈주고 물 위에 뜬 씨앗은 버려준다.

③ 천이나 하이드로볼이 깔린 용기에 불린 씨앗을 고루 뿌려준 후 물은 너무 많이 주지말고 천이나 하이드로볼이 젖을 정도만 분무기로 뿌려준다.

④ 2-3일이 지나면 씨앗에서 싹이 발아되기 시작한다. 물도 매일매일 마르지 않도록 꼬박꼬박 준다.

⑤ 장소는 햇빛이 들지 않는 통풍이 잘되는 곳에 놓아둔다. 간접광(光)은 무난하다.

⑥ 약 일주일정도 키우면 5-6cm 정도 자라며 뿌리를 잘라주거나 뿌리도 같이 깨끗한 물로 씻어 준 후 먹는다.

* 재배포인트

　순무의 적정한 발아온도는 *15-20*도 내외이며, 적정한 성
장온도는 *24-29*도이다. 물은 마르지 않을 정도만 주고 너무
많이 줄 경우 발아되기 전이라면 발아되지 않고 썩어버리고
발아된 후라면 곰팡이가 낀다.

이렇게 길러보세요

*천에 키우기

가장 일반적이며 손 쉽게 키울 수 있는 방법에 해당하는 것이 바로 면으로 된 천으로 키우는 방법이다. 물론 거즈나 손수건으로 키워도 천으로 키운 것과 같다.

① 천을 구입하여 용기 면적에 맞게 2겹에서 4겹 정도가 들어갈 수 있도록 잘라준다.

② 용기 밑바닥에 준비한 천을 깔고 물에 불린 씨앗을 뿌려준다. 씨앗의 분량은 용기 바닥 면적의 약 70% 정도로 뿌려준다. 씨앗과 씨앗 사이에 공간이 충분히 확보되어야 한다.

③ 물을 매일매일 계절을 불문하고 천이 젖을 정도만 분무기로 뿌려준다.

④ 여름철에 씨앗이 물에 잠기도록 주면 썩을 가능성이 크므로 주의해야 한다.

⑤ 씨앗에서 싹이 발아되고 나 후 천 아래로 뿌리가 자라는데 천 밑으로 공기 순환이 안되어 뿌리가 썩거나 색깔이 갈색으로 변할 수 있다.

*하이드로볼에 키우기

하이드로볼이란 점토로 만들어진 식물 재배용품중의 하나로 단단함은 돌과 같지만 수분의 흡수가 용이하여 일반적으로 화분등에 흙 대신 사용된다. 하이드로볼에는 화강석, 점토, 황토 등 여러 종류가 있는 데 그 중에서 황토로 만들어진 하이드로볼이 좋다. 황토가 좋다는 것은 다들 아시겠지만 황토에서 원적외선이 나오므로 뿌리의 성장을 도와준다.

① 하이드로볼을 구입하여 물로 깨끗이 씻어준 후 용기아래에 2-3cm의 높이로 깔아준다.

② 물에 불린 씨앗을 하이드로볼 위에 골고루 적당한 공간을 확보하면서 뿌려준다.

③ 놓아두는 장소는 공기가 잘 통하고 햇빛이 들지 않는 곳이 적당하다. 간접적인 햇빛과 형광등 불빛은 괜찮다. 햇빛을 직접적으로 쬐여주면 싹의 성장이 늦어지고 줄기의 굵기도 가늘어진다.

④ 물은 매일매일 하이드로볼이 마르지 않게 젖을 정도만 준다. 만일 햇빛 비추는 곳에서 키운다면 싹이 난 이후에 물을 듬뿍주어도 썩거나 곰팡이가 피지 않는다.

⑤ 하이드로볼은 공기의 순환이 용이 하므로 뿌리가 썩거나 색
  이 변하지 않으므로 뿌리채 먹어도 괜찮다.

*빈병에 키우기

입구가 크고 속이 넓은 병에 키우는 방법으로서, 키울 수
있는 새싹이 한정되어 있다. 일반적으로 알파파가 많이 이용
되며 그 외에도 브로콜리, 다채 등이 이용된다.

① 입구와 몸통이 큰 병과 씨앗이 통과하지 못하는 망사, 그리
  고 고무줄을 준비한다.
② 씨앗을 병속에 넣고 병의 입구에 망사를 댄 후 고무줄로 묶
  어준다.
③ 병안에 물을 채워 넣고 6시간 정도 씨앗을 불려준다.
④ 6시간이 지나면 병에 있는 물을 버린다. 입구에 망사를 둘러
  쳤기 때문에 씨앗은 안 빠지고 물만 나오게 된다.
⑤ 물을 알맞게 뺀 후 병을 누워 공기가 잘 통하는 곳에 놓아둔
  다. 창가 옆에 놓아둘 경우 누워있는 병 위로 신문지나 천으
  로 덮어 안으로 빛이 들어가지 않도록 한다.
⑥ 가끔씩 병안을 확인하여 물이 말라있을 경우 병안에 물을 넣
  고 살짝 흔들어 준 후 다시 물을 적당하게 빼준다. 이렇게 싹
  이 다 자랄 때 까지 같은 방법으로 해준다.

⑦ 싹이 다 자랐으면 입구쪽의 고무줄을 풀고 망사를 걷어낸 후 병안에서 자란 새싹을 빼내어 깨끗한 물로 씻어주어 먹는다.

*와인 잔에 키우기

새싹을 키울 수 있는 용기가 따로 있는 것은 아니다. 유리병, 유리잔, 반찬그릇, 밥그릇 등 씨앗을 담을 수 있는 것만 있으면 되는 것이다. 와인 잔에 키울 수 있는 새싹에는 크레스나 브로콜리 같은 씨앗이 작은 것이 어울린다.

① 와인 잔에 하이드로볼을 넣어준 후 혹은 하이드로볼을 넣지 않고 물에 불린 씨앗을 고루 뿌려준다.
② 분무기로 씨앗과 하이드로볼이 젖을 정도로만 물을 분무해 준다.
③ 크레스와 같은 것은 하이드로볼을 넣어주지 않고 바로 씨을 뿌려 키울 수도 있다. 이럴 경우 수분을 머금어 주는 것이 없으므로 자주 물을 분무해 주어야 한다.

*새싹 재배용기에 키우기

천이나 하이드로볼을 이용하여 키울 경우 하루에 2-3번 정도 물을 분무해 주어야 하는데 이러한 작업이 귀찮을 경우 새싹용 재배용기를 구입하여 키울 수 있다. 가격대는 3천원에서부터 9만원이 넘는 것까지 있으므로 자신에게 맞는 것을 구입하면 된다. 일반적으로 재배용기는 물을 담을 수 있는 용기와 그 위에 씨앗을 놓는 판으로 구성되어 있다.

① 새싹용 씨앗을 구입하여 물에 불려준다.

② 용기에 보면 구멍을 뚫린 판이 있는 데 그 위에 물에 불린 씨앗을 겹치지 않게 고루 뿌려준다.

③ 씨앗이 구멍 아래로 빠질 만큼 작은 씨앗이라면 판 위에 천을 깔아야 하지만 안 빠진다면 천을 안 깔아도 된다.

④ 씨앗에 싹이 발아가 되고 며칠이 지나면 발아한 씨앗에서 뿌리가 나와 씨앗판에 있는 구멍 아래로 빠져 있는 것을 볼 것이다. 이 때부터는 용기 속에 있는 물이 빠르게 줄어들기 때문에 하루에 한번 정도 물을 채워주면 된다.

⑤ 만일 용기 안에 있는 물이 희뿌여지게 변하면 물을 교환해 주는 것이 좋다.

⑥ 이렇게 일주일이 지나면 먹을 수 있을 만큼 자라게 되는데 뿌리가 물속에서 자라기 때문에 상함이 없이 잘 자라게 된다. 그러므로 뿌리채 새싹을 먹을 수 있으니 가장 좋은 방법이라 하겠다. 단, 초기에 용기 구입비가 들어가는 단점이 있다.

묻고 답하기

지난 몇 년동안 쇼핑몰을 운영하면서 고객님에게 가장 많이 받은 질문을 수록하오니 조금이나마 새싹채소를 기르시는데 도움이 되었으면 합니다.

🎤 시중에서 파는 일반 씨앗으로 새싹을 키워도 되나요?

일반 종묘상점에서 파는 씨앗에는 일반 농가에 파는 씨앗과 새싹용 두 가지가 있습니다. 새싹용 씨앗은 씨앗 자체에 소독을 하지 않은 것이며, 농가에 파는 씨앗은 땅속에 들어가도 썩지 않게 하기 위한 코팅과 소독이 되어 있습니다. 그러니 꼭 새싹용 씨앗을 구입하여 키우셔야 합니다.

🎤 크레스 씨앗에서 냄새가 나요.

크레스 씨앗은 다른 씨앗과 달리 물을 공급해 주면 구수한 향기(?)가 납니다. 이런 냄새로 인해 간혹 가다 소독 냄새라고 착각하시는 분들이 계시는데 소독 냄새가 아니오니 안심하고 재배하셔도 됩니다.

🎤 새싹 뿌리는 먹나요?

새싹채소의 뿌리에도 새싹과 같은 영양소가 들어 있으므로 물에 씻으신 후 같이 드셔도 무방합니다.

🎤 새싹을 키우는데 곰팡이가 피었어요.

곰팡이가 피어나는 주된 이유는 최소 16도 이상의 온도와 높은 습도에 의해서 발생합니다. 이 둘 중에 하나라도 맞지 않는 환경이라면 곰팡이는 생기지 않습니다. 특히 여름에 주의하셔야 하는데 만약 곰팡이가 새싹 주변에 피어나게 되면 소독약의 일종인 과산화수소를 구입하여 약 5%의 농도로 희석하여 분무기로 뿌려 주시면 됩니다. 단, 초기의 곰팡이일 경우에만 효과를 발휘하며 그 이후로는 곰팡이들이 새싹의 영양분을 빼앗아가 버리기 때문에 효과가 없습니다.

🌱 뿌리에 하얀 솜털이 났는데 곰팡이 인가요 아니면 솜뿌리 인가요?

먼저 답을 알려드리면 솜뿌리일 수도 있고 곰팡이일 수도 있습니다. 뿌리에 나는 솜뿌리가 워낙 곰팡이와 너무 흡사하여 헷갈릴 수 있기 때문입니다. 그런데 이것을 구별하는 가장 확실한 방법 솜뿌리일 경우 며칠 안으로 없어지지만 곰팡이일 경우 점점 회색빛이 뚜렷해지면서 확장되어 나중에는 새싹들이 물러지기 시작합니다. 곰팡이가 피었을 경우 초기에는 햇빛에 쪼여주면 없어지기도 하지만 너무 많이 피었을 경우 아깝지만 버리시는 것이 좋습니다. 솜뿌리가 나는 새싹은 브로콜리, 무, 적무 등이 있습니다.

🌱 새싹은 흙에서 안 키워도 되나요?

일반 채소는 흙에서 다 자랄 때까지 키우지만 새싹채소는 흙에서 키우지않고 물에서 키웁니다. 그렇기 때문에 농약이나 화학비료를 사용하지 않는 완전 유기농 식품인 것입니다.

🎤 시중에서 파는 콩나물 재배기로 키워도 되나요?

일반적으로 시중에서 판매하고 있는 콩나물 재배기는 여러종류가 있습니다. 이러한 여러종류 중에서 위에서 물을 뿌려주는 재배기는 새싹 키우는데 괜찮지만 씨앗을 물속에 담가주는 재배기는 이용하지 않는 것이 좋습니다. 새싹씨앗은 콩나물 씨앗처럼 부피가 크지 않기 때문에 씨앗이 물에 담기면 한쪽으로 쏠려 뭉쳐버리기 때문입니다.

🎤 씨앗을 물에 불려야 하나요?

될 수 있으면 물에 불려 주시기 바랍니다. 씨앗을 안 불리고 할 경우 발아 시기가 1-2일 늦어집니다. 예로 무 씨앗일 경우 물에 불린지 4시간 정도 지나면 발아가 시작되지만 물에 불리지 않고 할 경우 1-2일 정도 걸립니다.

🎤 물에 불렸는데 씨앗이 많이 떠요.

씨앗을 물에 넣을 경우 대부분의 씨앗은 물속으로 가라 앉지만 해바라기와 파, 부추 씨앗은 잘 가라앉지 않습니다. 그렇지만 물에 충분히 불릴 경우 물속으로 가라 앉습니다.

물위에 뜬 씨앗이라고 모두 다 불량 씨앗은 아닙니다. 간혹 가다 씨앗에 공기가 붙어 물위에 뜰 수 있으므로 씨앗의 상태를 봐가며 물위에 뜬 씨앗을 버려주기 바랍니다.

🎤 씨앗을 발아할 때 어둡게 해야 하나요?

대부분 알려진 새싹 키우기에는 발아하기 전까지 신문지나 천으로 빛을 차단해 주라고 나와 있습니다. 하지만 실제로 키워보면 빛을 차단하지 않아도 된다는 것을 아실 겁니다. 물론 빨리 자라게 하고 싶다면 햇빛을 안보여 주는 것이 좋습니다. 햇빛을 보여주면 줄기의 굵기가 가늘어지고 길이는 짧아지기 때문입니다. 콩나물을 키울 때 빛을 차단해 주는 것과 같은 이치입니다. 다만 새싹은 자연광이나 형광등 불빛은 괜찮은 점이 있습니다.

🎤 여러 새싹을 같이 키워도 되나요?

각 씨앗마다 발아시기가 다르고 싹의 길이도 서로 다릅니다. 예를 들어 무 새싹은 7~8cm이고 브로콜리의 새싹은 5cm이다. 또한 무 새싹은 5~6일이면 되고 브로콜리 새싹은 7일 정도입니다. 그러므로 기르는 날짜랑 새싹의 길이가 서로 안 맞으므로 같이 기르면 밸런스가 맞지않게 됩니다.

새싹의 길이와 기르는 날짜가 비슷한 새싹을 그룹으로 묶으면 아래와 같다.

A 그룹 : 브로콜리, 다채, 적양배추, 순무, 케일, 배추, 유채,
　　　　경수채

B 그룹 : 메밀, 해바라기, 밀, 보리, 완두

C 그룹 : 크레스, 알파파, 아마, 적무, 무, 클로바

D 그룹 : 부추, 파

🎤 겨울에는 어떻게 키워야 하나요?

많은 분들이 겨울에는 새싹이 잘 안 자랄거라고 생각하시는데 오히려 겨울이 더 잘 자랍니다. 왜냐하면 겨울에는 방안에서 키우기 때문입니다. 겨울철 방안의 온도는 약 15~20도 사이인데 이 온도가 새싹을 키우는데 가장 알맞은 온도이기 때문입니다.

오히려 여름철이 기르기 힘들 수도 있습니다. 30도 이상 올라가면 새싹에 힘이 빠지면서 물러지기 때문입니다. 하지만 이런 일이 그리 많이 생기지는 않고 간혹 생기고 집에 에어컨이 설치되어 있으면 별 문제 없습니다.

🎤 새싹들 중에서 무순처럼 길고 굵게 자라는 새싹은 어떤 종류가 있나요?

무순처럼 잎이 크고 줄기가 굵게 자라는 새싹은 무순의 친

척인 적무, 클로버, 완두, 메밀, 보리, 밀, 아마, 해바라기 등이 있습니다. 그 다음으로 크게 자라는 새싹으로는 브로콜리, 다채, 알파파, 크레스, 배추, 유채, 적양배추, 부추, 파 등이 있습니다. 그리고 크기가 작게 자라는 새싹으로는 경수채, 케일, 양배추, 겨자 등이 있습니다. 이렇게 자라는 크기가 서로 달라 크게 자라는 새싹을 선호하실 수도 있지만 각 새싹 고유의 영양소와 효능이 있으므로 골고루 드시기 바랍니다.

집에서 아이들을 키우는 엄마입니다. 요즘 환경과 먹거리에 의해 아이들이 아토피에 잘 걸리고 있습니다. 아토피에 걸려 아파하는 아이들을 보면서 내 아이들한테는 직접 키운 채소를 먹이고 싶다는 생각을 합니다. 그래서 그런데 아이들이 먹을 수 있는 새싹을 골라 주시기 바랍니다.

요즘 공해로 인한 환경오염과 농약 사용으로 인한 먹거리 오염이 우리 몸 뿐만 아니라 우리의 미래인 아이들한테까지 악 영향을 끼치고 있습니다. 그로 인해 아토피에 걸려 아파하는 아이들이 많은데 이런 아이들에게 직접 기른 새싹채소를 먹이고 어느정도 효과를 보았다는 주부님들이 많이 계십니다. 아이들에게 먹이기 위해서는 첫째로 맵지 않은 새싹을 먹여야 합니다. 새싹 중에서 가장 매운 것은 무순, 적무, 순무입니다. 아무래도 무 종류가 가장 맵다고 보시면 됩니다. 그 다음으로 매운 것은 브로콜리, 적양배추, 케일, 다채 등이 있습니다. 맵다고 해서 그리 매운 것은 아니고 약간 매우면서 씁쓸하고 또한 입맛을 돋아주듯 향긋한 맛이 납니다. 매운 맛이 없는 새싹으로는 해바라기, 메밀, 배추, 아마, 부추입니다.

크레스와 알파파, 완두 같은 새싹은 매운맛은 없지만 향이 강하기 때문에 아이들이 먹기엔 조금 거북스러울 수 있습니다.

겨울에는 메밀이 발아가 잘 되어 좋았었는데 여름이 되니 메밀이 발아가 잘 안되고 썩네요. 어떻게 하면 잘 발아가 될까요?

메밀 같은 씨앗은 발아 적정온도가 다른 새싹에 비해 낮습니다. 약 *10-20*도 사이가 적당하다고 보시면 됩니다. 그렇기 때문에 여름에는 메밀 발아에 실패하시는 분들이 많으신데 집에 에어컨이 있는 가정이라면 좀 서늘한 곳에 놓아두시면 되고요. 에어컨이 없는 가정이라면 환기가 잘되는 곳에 놓아두시기 바랍니다. 하지만 아무리 환기가 잘 되더라도 날씨가 *30*도 가까이 올라가면 더운 공기 때문에 실패하게 됩니다. 이럴 때 물에 불린 메밀 씨앗을 천이나 용기에 넣어 냉장고 야채실에 보관하였다가 하루에 *1-2번* *2-3시간* 정도 서늘한 곳에 꺼내어 두시기 바랍니다. 이렇게 *3-4일* 정도 하시면 실패 없이 발아시킬 수 있을 겁니다. 어느 정도 발아가 되면 냉장고에 넣지 않아도 됩니다.

저는 집에서 혼자 살고 있는데 직장을 다니다 보니 집에 있는 새싹한테 물을 잘 못 주거든요. 그래서 아침에 나갈 때 물을 씨앗이 잠기도록 주는데 이렇게 주어도 괜찮을까요?

새싹을 키우시는 분들이 주부뿐만 아니라 혼자 지내시는 분들도 많이 키우고 계십니다. 이렇게 집에 혼자 사시는 분들은 집에 계시는 시간이 많지 않으시니 새싹 전용 재배기를 구입하셔서 키우시는 것이 좋습니다. 왜냐하면 물을 씨앗이 잠길 정도로 주면 싹의 발아가 잘 안될 수 있기 때문입니다. 씨앗도 숨을 쉬어야 하는데 숨을 못 쉬게 물을 주면 씨앗이 죽어 썩을 수 있기 때문입니다. 특히 여름에는 특별히 주의하셔야 합니다.

새싹 전용 재배기는 시중에 여러 종류가 나와 있습니다. 가격은 *3천원*에서부터 *10만원*이 넘어가는 전기제품까지 있습니다.

🌱 씨앗을 어느 정도 뿌려야 할지 몰라서 대충 물에 불렸는데 물에 불려보니 너무 많이 불린 것 같습니다. 어쩔 수 없이 다 키워야 하나요? 아니면 물에 불렸어도 더 이상 물을 안주면 안 자라나요? 어떻게 해야 좋나요?

가끔씩 씨앗을 너무 많이 불려 어떻게 해야 하는지 물어보시는 분들이 계십니다. 이런 분들은 물에 불린 씨앗을 버리지 마시고 천으로 묶어두시거나 용기에 넣어 냉장고에 보관하시면 됩니다. 냉장고에 넣어두실 때에는 물기가 조금남아 해주시는 것이 좋습니다. 물기가 없이 넣어두시면 그동안 물에 불려 발아되기 시작한 씨앗이 말라 죽기 때문입니다. 냉장고에 보관하시면 낮은 온도로 인해 당분간은 씨앗의 발아와 새싹의 성장이 늦춰지게 됩니다.

씨앗의 1회 뿌림의 적정용량은 약 7-10ml입니다. 브로콜리 씨앗 10ml를 뿌렸을 경우 약 70-100g의 새싹을 얻으실 수 있습니다. 시중에 판매되고 있는 '새싹채소 비빔밥' 안에 들어가는 새싹의 양이 약 50g이라고 하니 어느 정도 감이 가시리라 봅니다.

🎤 용기 아래에 면으로 된 천이나 거즈 말고 양파 살 때 주는 망으로 해도 되나요?

새싹을 키울 때 용기 아래에 천이나 하이드로볼을 까는 이유는 씨앗에게 물을 공급해 주기 위한 하나의 물 공급처를 만들어주는 것입니다. 이러한 곳에 양파 망을 깔아둔다면 아무런 효과를 발휘하지 못할 것입니다. 또한 양파 망에는 사람에게 해로운 유해성분이 들어있습니다. 색깔을 빨갛게 내기 위한 색소가 바로 그 물질입니다. 이러한 물질이 들어있는 곳에 유기농 새싹채소를 기른다는 것은 어처구니 없는 일이기도 하지요.

새싹 요리법

인간이란 원래 먹기 위해 산다고 할 만큼 먹거리가 중요하다. 건강을 생각해서 먹는 음식이니 만큼 보다 건강하고 맛있게 먹는 방법을 익힐 필요가 있다.

새싹 샌드위치

 새싹채소, 호밀빵2개, 슬라이스치즈 2장, 슬라이스햄 2장,
토마토 1개, 버터 약간, 상추 2장, 머스터드 소스

1_ 호밀빵을 *1/2*비율로 자른다.

2_ 토마토를 4쪽으로 슬라이스하여 물기를 제거하여 준
비한다.

3_ 준비해 둔 호밀빵의 안쪽면에 버터를 바른 다음 상추
를 깔아준다.

4_ 토마토, 햄,치즈 순으로 얹는다.

5_ 그 안에 새싹을 충분히 넣어 맛과 영양을 더해준다

6_ 기호에 맞게 소스(머스터드 소스 등)을 선택하여 뿌린
후 완성 접시에 담아 우유와 함께 곁들인다.

새싹 비빔밥

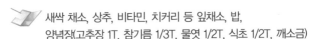

새싹 채소, 상추, 비타민, 치커리 등 잎채소, 밥,
양념장(고추장 1T, 참기름 1/3T, 물엿 1/2T, 식초 1/2T, 깨소금)

1_ 분량의 밥을 고슬고슬하여 지어 준비한다.

2_ 잎 채소는 알맞은 크기로 잘라 놓는다.

3_ 완성 접시에 먼저 밥을 낮게 담은 후 준비해둔 야채를
얹는다.

4_ 그 위에 새싹 채소를 듬뿍 얹어준 후 양념장(고추장
1T, 참기름 *1/3T*, 물엿 *1/2T*, 식초 *1/2T*, 깨소금)과
함께 곁들인다.

*양념장은 묽은 새콤달콤한 소스로 만들어 사용한다.

핑거 푸드

 새싹채소, 봄동(어린잎), 키위, 방울 토마토,
두부, 칵테일 새우, 레몬

1_ 칵테일 새우는 끓는 물에 레몬 *1*쪽을 넣고 데쳐서 얼음
물에 담가 식힌다.

2_ 방울토마토는 꼭지부분을 조금 잘라 놓는다. 두부와
키위는 방울 토마토 크기로 맞춰서 두부는 깍둑 썰기,
키위는 중앙을 중심으로 돌려 깎기 한다.

3_ 완성접시에 가지런히 모양을 내어 담은 다음, 봄동 어
린잎에 칵테일 새우와 새싹을 얹고, 키위, 방울 토마
토, 두부에도 새싹 채소를 얹어 순수한 맛 자체를 더해
준다.

새싹 주스

 새싹채소, 키위 1개(딸기 5알),
오렌지 쥬스 1/2C, 물 1/2C, 꿀 1T

1 _ 키위는 껍질을 벗겨 적당한 크기로 썬다.(또는 딸기 5
알도 적당한 크기로 썬다.)

2 _ 믹서기에 키위(또는 딸기), 오렌지 쥬스 *1/2C*, 물
1/2C, 꿀 *1T*를 넣어 갈아준다.

3 _ 다시 쌔싹채소를 듬뿍 넣어 가볍게 다시 한번 살짝 갈
아준다.

4 _ 투명한 유리잔에 알맞게 담는다.

라면

 라면 1개, 새싹채소,
물 550cc, 달걀 1개, 분말스프, 파

1_ 라면의 물은 라면조리법에 써있는 것보다 조금 적게
넣으세요.

2_ 라면을 먹을 그릇에 계란을 풀어놓으세요. 흰자와 노
른자가 잘 섞이게, 물이 끓으면 라면과 분말스프를 넣
으세요.

3_ 그리고 라면을 넣은 지 1분이 지나면 파를 한 잎 썰어
서 넣어주세요.

4_ 파를 넣은지 1분이 지나면 풀어놓은 계란을 넣어주세
요. 계란이 뭉쳐서 익지 않도록 잘 저어주세요.

5 _ 그 안에 새싹을 충분히 넣어 맛과 영양을 더해준다

6 _ 기호에 맞게 소스(머스터드 소스 등)를 선택하여 뿌린
후 완성 접시에 담아 우유와 함께 곁들인다.

비빔밥

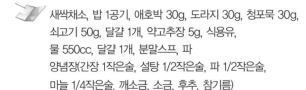
새싹채소, 밥 1공기, 애호박 30g, 도라지 30g, 청포묵 30g,
쇠고기 50g, 달걀 1개, 약고추장 5g, 식용유,
물 550cc, 달걀 1개, 분말스프, 파
양념장(간장 1작은술, 설탕 1/2작은술, 파 1/2작은술,
마늘 1/4작은술, 깨소금, 소금, 후추, 참기름)

1 _ 쌀은 씻어 30분 정도 물에 불렸다가 밥을 고슬고슬하
게 짓습니다.

2_ 애호박은 *0.3cm* 두께와 폭 *5cm* 길이로 채 썰어 소금에 절였다가 물기를 짠 후 기름에 살짝 볶으면서 다진 파, 마늘, 깨소금으로 양념을 하구요.

3_ 도라지는 2와 같은 크기로 가늘게 찢어 소금으로 주물러 쓴맛을 뺀 후 기름에 볶으면서 소금으로 간을 맞춥니다.

4_ 청포묵 *0.5cm* 두께와 폭, 길이 *5cm*로 썰어 소금, 참기름으로 무쳐 놓으세요.

5_ 달걀은 황·백지단을 부쳐 길이 *5cm*, 두께와 폭 *0.3cm*로 채썹니다.

6_ 쇠고기의 일부는 고추장볶이 용도로 다져놓고 나머지는 채썰어 양념장에 무쳐 덩어리가 지지 않도록 기름에 볶아 놓으세요.

7_ 팬에 다진고기를 양념하여 볶다가 고추장, 설탕, 물을 잘 섞어 부드럽게 볶아 고추장 볶이를 만듭니다.

8_ 그릇에 밥을 담고 준비한 재료를 색 맞추어 밥 위에 보기 좋게 담은 후 가운데에 새싹채소와 고추장볶이를 얹어 냅니다.

생선초밥

 초새우 3마리, 새싹채소, 냉동 참치 50g(그외 생선들),
초밥, 배합초

1_ 손가락 끝에 배합 초를 살짝 적신다.

2_ 밥을 쥐고 손가락으로 살짝 눌러가며 길고 도톰하게
모양을 다듬는다.

3_ 생선 중앙에 와사비를 살짝 묻힌다.

4_ 생선 위에 밥을 올려놓고 중앙을 눌러 모양을 다듬
는다.

5_ 다 되었으면 그릇에 담고 새싹채소로 장식한다.

키우는 재미, 먹는 즐거움!

새싹채소 키우기

2005년 3월 25일 초판 발행

지은이 박철희
펴낸이 윤여득
펴낸곳 도서출판 다문
펴낸곳 서울특별시 성북구 보문동 4가 91-4호
등록 1989년 5월 10일 · 등록번호 제6-85호
전화 02-924-1140, 1145
팩스 02-924-1147
홈페이지 http://choun.co.kr
이메일 choun@choun.co.kr

책값은 표지의 뒷면에 있습니다.

ISBN 89-7146-021-0